AF370988

CONSIDÉRATIONS

SUR LA

NÉCESSITÉ D'UNE RÉORGANISATION

DU CORPS DES

OFFICIERS DE SANTÉ MILITAIRES.

PROJET D'ORGANISATION,

PAR P. L. BLOT,

EX-CHIRURGIEN AIDE-MAJOR AU 38ᵉ RÉGIMENT DE LIGNE, EN NON
ACTIVITÉ.

Quousquè tandem.....

PARIS,

AUX LIBRAIRIES MÉDICALES ET MILITAIRES.

1838.

ORLÉANS. — IMPRIMERIE DE DANICOURT-HUET.

Au corps des Officiers de santé ; à mes honorables chefs ; à tous mes camarades,

Hommage et affection.

P. L. Blois.

CONSIDÉRATIONS

SUR LA

NÉCESSITÉ D'UNE RÉORGANISATION

DU CORPS DES

OFFICIERS DE SANTÉ MILITAIRES,

PROJET D'ORGANISATION,

PAR. P. L. BLOT,

EX-CHIRURGIEN-AIDE-MAJOR AU 38ᵉ RÉGIMENT DE LIGNE, EN NON
ACTIVITÉ.

———— • ————

(Quousquè tandem......)

LORSQU'IL fut question au ministère de la guerre d'organiser
le corps des officiers de santé, tous s'agitèrent, mus et par le
désir de réclamer des droits méconnus ou désavoués jusqu'alors
par l'autorité, et par l'espoir de voir enfin cesser les abus et les
injustices dont ce corps était victime depuis si long-temps.
Mais dans cette foule de mémoires qui remplirent les colonnes
des journaux, principalement de *la Sentinelle*, j'observai avec
peine qu'au lieu d'insister sur la chose essentielle, je veux dire
sur une assimilation digne des officiers de santé, puisqu'il s'a-
gissait d'assimiler ces officiers à certains grades de l'armée, les
auteurs, persuadés sans doute qu'on n'hésiterait pas à nous
faire une bonne part dans le budget, s'amusaient à étaler leur
érudition, à proposer des concours et à créer mille difficultés
d'admission. Moi, qui suis un peu moins crédule, un peu
moins confiant dans la générosité de la haute administration, je me contentai, sans rechercher les honneurs de

l'impression, d'adresser directement à M. le ministre de la guerre un mémoire dans lequel, après avoir exposé franchement la vérité sur nos besoins, sur les iniques traitemens auxquels nous n'avons cessé d'être en butte, je demandais pour les officiers de santé un rang plus convenable dans l'armée, non pour les relever, car qu'y a-t-il de plus noble que leurs utiles fonctions, mais pour augmenter un peu leurs honoraires, si minces et si chétifs.

J'établissais deux classes de chirurgiens sous-aides ; la première comprenait les lauréats des hôpitaux d'instruction envoyés au grand hôpital de perfectionnement; la deuxième comprenait les sous-aides employés dans les hôpitaux ordinaires et d'instruction. Voici le tarif que je proposais avec l'assimilation à certains grades :

Chirurgien-sous-aide 2e classe 1,200 fr. Ss.-lieutenant.
—   —   1re classe 1,500 fr. Lieutenant.
—   aide-major   2,000 fr. Capitaine.
—   major   3,000 fr. Chef-de-batail.

Pour appuyer ma proposition relativement au chirurgien-major, je considérais l'importance du service de santé dans un régiment ou dans un hôpital, la responsabilité qui pèse sur le chef de ce service, l'impossibilité pour la plupart des officiers de santé de ce grade d'arriver à un poste plus élevé.

Je montrais le chirurgien aide-major chargé de fonctions pénibles, cloué à ce poste pendant de longues années, appelé souvent à remplacer le chirurgien-major, et dirigeant en chef le service de santé du bataillon auquel il appartient, lorsque le régiment est détaché; la grande difficulté, souvent même l'impossibilité pour lui de parvenir au grade de chirurgien-major.

Il existe une différence notable, sous le rapport de l'instruction et des services, entre les chirurgiens sous-aides employés dans les hôpitaux ordinaires et les lauréats des hôpitaux d'instruction envoyés à l'hôpital de perfectionnement. Cette considération m'avait fait regarder comme juste et rationnelle la division en deux classes des chirurgiens sous-aides.

Je demandais encore, non comme faveur, mais comme une justice qui aurait dû être rendue depuis long-temps, que les chirurgiens pussent compter comme service le temps passé dans les hôpitaux en qualité d'élèves; que ceux attachés aux corps d'armes spéciales eussent la solde du grade auquel ils sont assimilés.

Je ne parlais pas des sommités de la chirurgie et de la médecine militaires, parce que, si mes propositions étaient adoptées, ces sommités devaient être traitées, par analogie, suivant leurs grades respectifs.

Je me gardai bien d'ajouter aux conditions d'admission. Je savais qu'elles seraient toujours assez dures, et que l'administration continuerait d'être envers nous moins prodigue de largesses que de tracasseries et de difficultés. L'acte constitutif de notre organisation, l'ordonnance du 12 août 1836, ne tarda pas à venir réaliser toutes mes prévisions. Cependant, comme si cette ordonnance eût comblé tous les vœux, satisfait à tous les besoins, aucune réclamation ne s'éleva. Toutes les plumes s'arrêtèrent comme par enchantement; que dis-je ! quelques écrivains exercèrent leur esprit à préconiser les avantages de notre nouvelle position. Le public, qui avait écouté nos plaintes, assisté aux débats du grand procès pendant au tribunal de la haute administration, et qui en attendait l'issue avec impatience, dut croire, en entendant ces cris de joie, ces exclamations laudatives, qu'enfin bonne justice nous avait été rendue (*). Certes je ne viens point ici m'ériger en frondeur ; ce rôle ne me convient nullement. Si j'avais trouvé dans l'ordonnance du 12 août des dispositions telles que nous pouvions raisonnablement espérer de les obtenir, je serais le premier à remercier l'administration de sa sollicitude et de sa bienveillance. Malheureusement il ne m'est pas encore permis de lui offrir mon encens. Je le garde pour une occasion plus favorable. Je ne désespère pas de voir les hommes qui règlent nos destinées, ayant déjà fait, quoique tardivement, un pas vers le bien, finir par se rendre à l'évidence et nous accorder enfin ce que, je l'avoue, nous rougissons d'être forcés de réclamer si souvent.

J'ai entrepris une tâche, et elle n'est pas difficile à remplir, c'est de prouver que la position des officiers de santé militaires, chirurgiens et médecins, n'est pas bien sensiblement améliorée; que ce qu'on leur donne d'un côté on le leur retire de l'autre;

(*) Je dois à la vérité de dire qu'un seul chirurgien, un homme qui n'a jamais craint de se mettre en avant pour soutenir la justice et le bon droit, un homme qui a déjà donné tant de preuves de courage, de vrai patriotisme et de désintéressement, mon excellent camarade M. Ducoux, chirurgien aide-major au 55ᵉ de ligne, a signalé hautement les vices de la nouvelle organisation dans un des numéros de la *Sentinelle de l'armée.*

que leur ancienne position, quoique bien chétive, était jusqu'à un certain point préférable à la nouvelle ; que les bénéfices les plus positifs résultant pour eux de cette dernière sont des tracasseries et des difficultés nouvelles ajoutées aux anciennes, déjà excessivement nombreuses.

Avant d'arriver à la discussion des faits que je veux établir, je crois nécessaire de faire quelques observations sur certaines dispositions de l'ordonnance précitée. La hiérarchie adoptée pour chacune des divisions du corps des officiers de santé a d'abord fixé mon attention. Je sais que de temps immémorial les médecins se sont mis ou ont été mis au premier rang. L'administration, considérant sans doute cette longue possession comme un droit de propriété, l'a maintenue. Moi, qui ne vois point dans cette possession un titre suffisant, je n'hésite point à déclarer que suivant mon opinion le premier rang appartient aux chirurgiens. En effet, le service de la chirurgie, dans une armée principalement, est généralement plus important et plus difficile que celui de la médecine. D'ailleurs tous les chirurgiens sont médecins et les médecins ne sont pas tous chirurgiens. Je viens de soulever une question qui a donné lieu à bien des disputes et des controverses. Je m'arrête là, ne voulant pas m'engager sur le terrain d'une polémique qui me mènerait trop loin et me ferait sortir de mon sujet.

J'approuve très-fort qu'on ait supprimé le grade de pharmacien sous-aide. Les chirurgiens, en cumulant les fonctions de ce grade, y puiseront une instruction et des connaissances que dans l'ancien état de choses il leur était difficile d'acquérir. L'administration, de son côté, fera de grandes économies. Tout cela est fort bien.

Je vois avec peine que le conseil de santé des armées continue d'être renfermé dans un cercle d'attributions très-étroit ; qu'il n'a aucune autorité, puisqu'il ne donne que des avis, et que ces avis ne sont point obligatoires ; que ses membres n'ont point le rang qui leur est dû, et qu'ils sont sous la dépendance de l'administration des hôpitaux, quand ils devraient être à sa tête. En effet, les chefs naturels du service de santé et de tout ce qui s'y rattache sont les chirurgiens et les médecins. Non-seulement ils ont à s'occuper du traitement des malades, de tout ce qui intéresse la science et l'art de guérir, de la salubrité des lieux destinés au campement des armées et des locaux affectés aux hôpitaux, mais encore des approvisionnemens de toute nature, de la qualité, de la préparation des médicamens et des vivres, etc., etc. Il serait donc plus rationnel, puisque les intérêts principaux du service de santé reposent sur eux, que l'administration des hôpitaux leur fût subordonnée pour tout ce qui est de leur compétence. La seule chose qui dans cette administration ne soit pas essentiellement de leur res-sort, c'est la comptabilité; mais cet accessoire ne peut domi-ner le principal. MM. les administrateurs ne peuvent faire un pas sans être soutenus et guidés par les médecins. Tous les réglemens, toutes les instructions ne sont rédigés que sur les renseignemens et d'après les élémens fournis par les médecins. On doit donc désirer, dans l'intérêt du service de santé, que ces derniers soient les directeurs d'une administration dont ils sont les principaux rouages, à laquelle ils impriment le mou-vement et la vie. Voici la nouvelle organisation qui me paraîtrait convenable, et que je livre à la discussion avant d'en faire l'ob-jet d'une proposition à M. le ministre de la guerre.

Les cinq inspecteurs formant le conseil de santé des armées auraient le rang et la solde, savoir : Les chirurgiens et les méde-cins, de lieutenant-général; le pharmacien, de maréchal-de-camp.

Le bureau des hôpitaux serait placé sous leur direction en ce qui concerne le personnel, et sous leur inspection en ce qui concerne le matériel du service de santé. Les nominations, les promotions aux différens grades de la chirurgie, de la médecine et de la pharmacie, seraient présentées au ministre par le con-seil de santé. Les propositions d'avancement faites par les in-specteurs généraux d'armes, et celles relatives au placement des chirurgiens-majors et aides-majors dans les corps d'armes spéciales, les hôpitaux militaires et les postes sédentaires, de-vraient, pour être approuvées par le ministre, être soumises à l'examen du conseil de santé, dont l'avis serait obligatoire pour le choix des candidats. Les officiers de santé ne seraient plus sous les ordres de MM. les intendans et sous-intendans mili-taires pour tout ce qui est relatif à la discipline, à l'exécution du service et des réglemens.

Le conseil de santé entretiendrait une correspondance suivie avec les officiers de santé des hôpitaux et des corps de troupes , avec les officiers de santé en chef et principaux des armées, non-seulement pour tout ce qui a rapport à la science et à l'art de guérir, mais encore pour toutes les dispositions intérieures des hôpitaux temporaires et permanens, sur l'état des magasins,

les approvisionnemens de tout genre constituant le matériel
du service de santé, et sur la gestion des employés de l'administration. Il ne faut pas que les officiers de santé soient réduits
à gémir en silence sur les calamités causées quelquefois par
l'incurie ou l'ignorance de certains personnages. Il faut qu'ils
aient le droit de signaler les auteurs de ces méfaits, et de pro-
voquer contre eux la punition due à leur conduite. Si le pouvoir
que je réclame pour les officiers de santé, et qui n'est, à mon
avis, que le complément des attributions de leur profession,
leur avait été dévolu en 1832, la France n'aurait peut-être pas
à déplorer les pertes cruelles éprouvées à Bone; l'armée comp-
terait peut-être encore dans ses rangs de braves soldats dignes
d'un meilleur sort et qui sont morts victimes les uns de l'incurie
coupable de certaines sommités, les autres de la cupidité honteuse
de spéculateurs haut titrés. On ignorerait encore les causes de
ces affreux désastres, si mon honorable confrère, M. Ducoux,
chirurgien-aide-major au 55e de ligne, n'avait eu le courage,
dans une brochure qu'il vient de publier, de les mettre au
grand jour et de les dénoncer au tribunal de l'opinion
publique. Honneur à ce médecin zélé, à ce noble défenseur
de l'humanité! Il n'a pas craint, en dévoilant de crimi-
nelles turpitudes pour prévenir de nouveaux malheurs, de
s'exposer aux persécutions et à la vengeance d'hommes puis-
sans; cette belle conduite, ce rare désintéressement, doivent
servir d'exemple à tous les médecins qui veulent remplir di-
gnement la mission sacrée dont ils sont chargés.

Tous les deux ans un membre du conseil supérieur de
santé, désigné par le ministre, ferait une inspection générale
du service de santé dans les hôpitaux et près les corps de troupes.
Il lui serait adjoint un nombre suffisant de sous-inspecteurs
pris parmi les chirurgiens, médecins et pharmaciens principaux, lesquels seraient chargés chacun, sous les ordres de l'inspecteur général, d'une division de l'inspection générale, dont
ils rapporteraient les travaux à ce dernier.

Les chirurgiens et médecins en chef d'armée auraient le rang
de maréchal-de-camp; les pharmaciens en chef celui de colonel.

Ces officiers de santé ne recevraient des ordres que du général en chef de l'armée; ils dirigeraient le service de santé, sur-
veilleraient toutes les opérations relatives au matériel de ce service, et à l'exécution des mesures adoptées, sur leur proposition, par le commandant en chef.

Les chirurgiens et médecins principaux auraient le rang de colonel ; les pharmaciens principaux celui de chef de bataillon.

Ils correspondraient, pour tout ce qui a rapport au service, avec les officiers de santé en chef dont ils recevraient les ordres, et seraient subordonnés au commandant en chef du corps d'armée.

Les chirurgiens et médecins ordinaires des hôpitaux auraient le rang de lieutenant-colonel, les pharmaciens-majors celui de capitaine de première classe, les chirurgiens aides-majors et les médecins-adjoints seraient assimilés au grade de capitaine de première classe, les pharmaciens-aides-majors à celui de lieutenant d'artillerie en premier non monté.

Le chirurgien-major, le médecin ordinaire et le pharmacien-major composeraient un conseil dans chaque hôpital, chargé de diriger le service de santé et tout ce qui s'y rattache. Ce conseil se réunirait à des jours fixes pour délibérer sur les améliorations à introduire dans le service, sur les mesures d'hygiène à prescrire, sur les approvisionnemens nécessaires ; il surveillerait la gestion des officiers d'administration en ce qui concerne le matériel. Ses délibérations seraient soumises à l'approbation du conseil supérieur de santé et à la sanction du ministre. En cas d'urgence, les mesures proposées par le conseil de santé de l'hôpital pourraient être exécutées avec l'approbation du maréchal-de-camp commandant la subdivision, ou celle du lieutenant-général dans les chefs-lieux de division.

Combien de malheureux soldats meurent dans les hôpitaux en attendant l'accomplissement de vaines formalités, et qui seraient sauvés si les prescriptions des médecins pouvaient être exécutées sans entraves ! Qu'un homme affecté de nostalgie ou en convalescence d'une longue maladie, ait besoin d'aller respirer l'air natal, croit-on que le médecin l'ayant ordonné (car lui seul devrait être juge dans cette circonstance), le malade pourra sortir le lendemain de l'hôpital ? Point du tout ; le médecin sera obligé de rédiger un certificat qui sera envoyé à M. le sous-intendant militaire, qui le visera et le soumettra à la décision de l'officier général commandant l'arrondissement, lequel général pourra refuser ou accorder, c'est-à-dire condamner le pauvre diable à mourir, ou lui permettre de recouvrer la santé. Mais qu'arrive-t-il souvent dans l'intervalle nécessaire pour la transmission de la décision du général ? Le malade, continuant de s'étioler sous l'influence de l'ennui qui le ronge, ou de l'air vicié de l'hôpital qui agit comme une substance délétère sur sa constitution détériorée, finit pas succomber, et quand arrive le congé de convalescence la tombe renferme déjà le cadavre de l'homme auquel il était destiné. N'est-il pas à souhaiter, dans l'intérêt de l'humanité, que les médecins soient seuls compétens pour accorder des congés de convalescence lorsqu'ils les jugent nécessaires, sauf à rendre compte au général des motifs de leur décision?

Les chirurgiens-majors dans les régimens de ligne, dans les corps d'armes spéciales et dans les postes sédentaires, auraient le rang de chef de bataillon ou d'escadron, suivant l'arme.

Les chirurgiens aides-majors seraient assimilés au grade de capitaine de deuxième classe.

Comme les commandans, les chirurgiens-majors auraient droit à être montés.

En temps de guerre, les chirurgiens-aides-majors de l'infanterie seraient montés aux frais de l'état. En temps de paix, ils auraient droit à un cheval de selle pendant tout le temps que s'exécutent les mouvemens des corps auxquels ils sont attachés. N'y a-t-il pas lieu de s'étonner que l'administration n'ait point encore accordé ces moyens de transport aux chirurgiens des corps pour les cas précités ? Elle n'ignore pourtant pas que dans les marches les chirurgiens, obligés de se tenir à la gauche de la colonne pour donner leurs soins aux malades et aux blessés, restent souvent en arrière, ne peuvent qu'en courant rejoindre la troupe, et sont, par ce motif, bien plus exposés à se fatiguer; et quand, rendus au gîte, officiers et soldats peuvent se livrer aux douceurs du repos, les chirurgiens, quoiqu'exténués de lassitude, ne sont-ils pas souvent forcés d'aller à des distances éloignées visiter des malades dans les détachemens ou cantonnemens. Tous ces faits sont bien à la connaissance de l'administration. Pourquoi donc cette injustice à l'égard des chirurgiens ? pourquoi, lorsqu'ils ont parcouru avec les corps de troupes l'espace prescrit pour le corps, sont-ils encore exposés à de nouvelles fatigues ? Les croit-on plus robustes que les autres hommes ? Se plaît-on à les tourmenter, à les faire souffrir, en leur imposant des tâches au-dessus de leurs forces ? En vérité je ne sais comment qualifier cette manière d'agir à notre égard. Dans tous les cas, il est évident qu'il y a mauvais vouloir.

Les chirurgiens aides-majors attachés à la cavalerie seraient montés aux frais de l'état.

Que dirai-je de l'ordonnance récente qui accorde un cheval

de remplacement et qui exclut de cette mesure les sous-aides promus au grade d'aide-major dans la cavalerie, et les aides-majors qui, depuis longues années, servent dans cette arme ? N'est-ce pas encore là une des plus grandes iniquités admini-stratives ? Déjà la *Sentinelle* a publié un article dans lequel un officier de santé réfute énergiquement toutes les objections que l'administration pourrait faire pour pallier l'injuste exclusion dont elle a frappé les chirurgiens.

Conçoit-on que sous la restauration l'absurdité pour tout ce qui concerne les officiers de santé était telle, que ces officiers n'avaient pas droit à la croix de Saint-Louis, parce qu'ils n'é-taient pas considérés comme militaires ! Quelle sottise ! quelle extravagance ! Ah ! ils ne sont pas militaires les chirurgiens qui suivent partout les soldats, qui couchent au milieu d'eux dans les camps, aux bivouacs ; qui partagent leurs souffrances, leurs misères, leurs fatigues et leurs privations ; qui dans les com-bats ne craignent pas de porter aux blessés les secours de leur art à travers les boulets et la mitraille? Ils ne sont pas militai-res les chirurgiens qui, après l'exécution de ces drames san-glans, au lieu de goûter un repos dont ils ont tant besoin, lut-tent encore contre la fatigue et contre les privations pour veiller sur les blessés et leur donner des consolations !

Ils ne sont pas militaires les chirurgiens qui, dans les épidé-mies meurtrières qui envahissent les hôpitaux ou viennent fon-dre sur les camps, affrontent, pour arracher au fléau destruc-teur les malheureuses victimes qu'il dévore, un trépas cent fois plus terrible que celui qu'on trouve sur un champ de bataille !

Ils ne sont pas militaires les chirurgiens qui, lorsqu'une ar-mée bat en retraite et qu'on est obligé d'abandonner les blessés, se livrent volontairement, pour rester avec leurs compatriotes malheureux, aux rigueurs de la captivité et quelquefois aux traitemens cruels d'un ennemi brutal !

Il n'était pas militaire l'illustre baron Desgenettes, prodi-guant nuit et jour ses soins aux pestiférés de Jaffa, et s'ino-culant la peste devant nos soldats frappés de terreur, pour exci-ter leur courage et relever leur moral abattu !

Il n'était pas militaire notre illustre inspecteur général M. le baron Larrey, lorsqu'inquiété dans ses opérations sur les champs de bataille par des éclaireurs ennemis, il montait à cheval pour les charger et les repousser, à la tête de sa divi-sion de chirurgiens !

Ils n'étaient pas militaires les quatre chirurgiens aides-majors tués en 1835 à l'affaire de la Macta! Ils formaient plus du tiers de la perte en officiers.

Qui a vu trembler les chirurgiens dans les momens difficiles, dans les postes périlleux où ils étaient placés? Ont-ils hésité, lorsque les circonstances l'exigeaient, à quitter le bistouri pour tirer leur épée? Napoléon ne disait-il pas souvent: « Mes braves chirurgiens! »

A tous ceux qui ont émis ou qui émettraient l'opinion absurde que les chirurgiens de l'armée ne sont pas militaires je répondrai: C'est vous qui n'êtes pas militaires; car si vous aviez l'honneur de servir dans les rangs de l'armée, si vous vous étiez trouvés, si vous vous trouviez avec nous sur un champ de bataille, vous ne pourriez nous contester un titre qui nous est acquis par nos services et notre dévoûment, qui est souvent scellé de notre sang.

Voudrait-on ne considérer comme militaires que les combattans? Mais dans ce cas les officiers d'administration des corps ne devraient pas être considérés comme militaires, car ils ne sont pas combattans, ou au moins ils le sont très-rarement. Je fais la même observation pour les officiers du génie. Cependant on reconnaît que tous ces officiers sont militaires, et c'est aux chirurgiens seulement, qui font partie de toutes les expéditions, qu'on voit partout où il y a des périls à affronter, qu'on ose disputer ce titre! En vérité les expressions manquent pour flétrir cette ridicule prétention.

Voudrait-on encore que les soldats et les sous-officiers ne reconnussent pour supérieurs que les officiers portant épaulettes? Alors, qu'on accorde des épaulettes aux officiers de santé; car ces officiers sont d'une indispensable nécessité, et l'on n'oserait sans doute pas les ravaler au point de les considérer comme au-dessous des autres officiers. Autrement, j'aime à le croire, aucun d'eux ne consentirait à faire partie de l'armée. Mais que dis-je! les officiers de santé n'ont pas besoin d'épaulettes. Il est essentiel au contraire qu'on ne leur en accorde pas, parce que les autres officiers en portent, et pour qu'ils puissent toujours être distingués parmi ces derniers. Leur uniforme suffit pour les faire reconnaître partout, et commander le respect et l'obéissance.

Le service de santé est une branche du service général; il exige une soumission non moins grande, une discipline non

moins sévère que celles prescrites pour les autres branches de
service. Sans doute un officier de santé n'a pas, ne doit pas
avoir le droit de commander aux soldats des prises d'armes, des corvées, etc., parce que tout cela n'est pas de sa compétence et se trouve en dehors du cercle de ses attributions ;
mais viendra-t-on conclure de ce qu'il ne peut dire à des soldats : Je vous ordonne telle faction, telle tenue, telle corvée,
que par cette raison il ne doit pas être considéré comme leur
supérieur? Ce serait vouloir tomber tout-à-fait dans l'absurde;
car si le chirurgien est obligé de se renfermer dans sa spécia-
lité, il n'est pas plus permis aux autres officiers de s'immiscer
dans le service de santé. Chacun a dans l'exercice des fonctions
qui lui sont confiées des limites qu'il ne peut franchir. Ainsi,
par exemple, un commandant de régiment, un général même
n'a pas le droit de se mêler du traitement des malades, d'empêcher les chirurgiens d'envoyer à l'hôpital les hommes dont
l'état l'exige, ou de leur ordonner d'y envoyer ceux qu'ils ne jugent pas devoir y être admis. Un colonel n'a pas le droit d'ordonner les bains quand le chirurgien-major ne les juge pas
convenables, etc., etc. Cependant ces officiers sont par leur
grade les supérieurs des chirurgiens. Ces derniers ne pourraient
les insulter ou se livrer envers eux à des voies de fait sans se
rendre coupables et encourir les peines prescrites par la loi du
21 brumaire an 5. Il doit en être de même pour les sous-officiers
et les soldats à l'égard des officiers de santé. Un chirurgien,
quoique n'ayant pas besoin, à raison de la nature spéciale de
ses fonctions, d'avoir un droit de commandement dans un corps
de troupe, n'en est pas moins le supérieur des soldats et des
sous-officiers, et même des officiers d'un grade inférieur au sien,
par les motifs 1° qu'il fait partie intégrante du corps des officiers
du régiment auquel il appartient ; 2° qu'il est essentiellement
militaire, puisqu'il est soumis aux mêmes réglemens et à la
même discipline que les autres officiers; 3° qu'il a droit au salut,
non comme y a droit un préfet ou tout autre magistrat civil,
mais comme militaire, comme officier enfin ; 4° qu'il peut infli-
ger directement des punitions aux sous-officiers et aux soldats, et
non, comme on le prétend, par l'intermédiaire d'un officier por-
tantépaulettes, ainsi qu'il résulte très-explicitement des dispositions du cinquième paragraphe de l'article 288 du réglement
sur le service intérieur; seulement il est obligé de rendre compte
au lieutenant-colonel, qui, sur la demande, fixe la durée de la

punition. Mais il n'est pas moins vrai, je le répète, qu'il n'a pas besoin de porter des épaulettes ou d'employer l'intermédiaire d'aucun officier à épaulettes pour dire à un sous-officier, à un caporal ou à un soldat : « Je vous punis de la consigne ou de la salle de police. » Aussi le premier conseil de guerre de la 11ᵉ division, en adoptant pour acquitter le nommé Duthoin les conclusions de l'avocat, me paraît avoir été entraîné dans une fausse logique et avoir mal interprété la loi. Heureusement que cette erreur a sauvé la vie du coupable. C'est une consolation pour les amis de l'humanité ; mais le principe fondé par ce jugement ne pourrait être suivi à l'avenir sans entraîner les conséquences les plus graves, et donner lieu aux plus fâcheux inconvéniens. Il répugne trop de croire que le législateur, en classant dans l'armée les officiers de santé, en leur imposant des chefs, en les rendant passibles des conseils de guerre, ait eu l'odieuse pensée de ne leur accorder aucun pouvoir, aucune autorité ; de les exposer sans moyens de répression aux insultes, aux violences, à la brutalité des hommes confiés à leurs soins ; de les traiter enfin comme des parias.

Il y a quelque temps un conseil de guerre fut appelé à juger un militaire convaincu de voies de fait envers le chirurgien de son bataillon. Il fut acquitté, mais seulement parce que l'officier de santé n'était pas en tenue lorsqu'il fut insulté. Tout autre officier dans la même position aurait subi les mêmes conséquences. Je trouvai déjà que cet acquittement portait une grave atteinte à la discipline. En effet, que de circonstances dans lesquelles un officier, pris à l'improviste et non revêtu des insignes de son grade, parce que souvent il n'aura pas eu le temps de s'en parer, peut être forcé de commander aux hommes du régiment auquel il appartient ! et ses inférieurs pourraient méconnaître son autorité ! que dis-je, ils pourraient impunément se livrer à des voies de fait envers lui ! A quoi sert donc aux officiers d'être reconnus devant les corps de troupes, si l'épaulette seule donne le droit de commandement ? Pourquoi, si ce principe est consacré, ne force-t-on pas les soldats à saluer et porter les armes en passant devant les boutiques de passementiers. Ce n'est point l'épaulette, mais celui qui la porte qui doit être salué. Je maintiens, moi, qu'un officier, fût-il en chemise, doit être obéi dans tout ce qu'il peut commander pour l'exécution du service. Je maintiens que les chirurgiens, qu'ils soient ou non revêtus de leur uniforme, ont droit au respect des sous-officiers et des soldats de leur régiment, par la raison qu'ils sont officiers et conséquemment leurs supérieurs ; par la raison que, comme les autres officiers, ils ont été mis à l'ordre du corps, et que leurs rapports journaliers avec la troupe empêchent de les méconnaître.

Mais avoir acquitté un soldat convaincu d'avoir frappé un chirurgien revêtu de son uniforme, voilà ce que je ne conçois pas, voilà ce que je ne puis concevoir. Au surplus un pareil jugement aura servi à dessiller les yeux des officiers de santé, à les éclairer sur leur véritable position dans l'armée, à les faire sortir de leur apathie, pour demander prompte justice, car, avec le droit consacré par le conseil de guerre de la 11° division militaire, il n'y a plus de sécurité pour eux, puisqu'on n'a pas craint de proclamer qu'ils pouvaient être insultés et maltraités impunément. Appelés fréquemment jour et nuit auprès des militaires, pour les secourir, ils seront donc obligés de ne se présenter dans les casernes que le poignard ou le pistolet au poing, ou de se faire accompagner d'une escouade ou d'une brigade, pour en imposer à ceux qui seraient tentés de se livrer envers eux à des voies de fait. Il est nécessaire que M. le ministre de la guerre veuille bien s'occuper sans aucun retard de fixer la jurisprudence des conseils de guerre sur un point si important pour la discipline et la bonne administration. Il faut enfin que tous les doutes sur la position des officiers de santé dans l'armée soient levés, que le caractère de ces officiers soit nettement dessiné, et que leurs droits soient fixés de manière à ne pouvoir plus être méconnus.

J'ai cru devoir établir une distinction entre les chirurgiens-majors et aides-majors des hôpitaux, et ceux des corps de troupes. Dans les hôpitaux le service de santé est plus important, plus complet ; ce n'est que là, il faut le dire, que les chirurgiens acquièrent, par une pratique continuelle, cette habileté, cette perfection désirable dans les opérations. M. le ministre de la guerre ne peut prendre trop de précautions pour que le grade de chirurgien-major dans les régimens ne soit donné qu'à des hommes bien capables et bien exercés dans la pratique de la chirurgie. On peut avoir le titre de docteur en médecine et être un très-médiocre chirurgien, cela se voit malheureusement tous les jours, aussi je voudrais que le grade de chirurgien-major fût donné au concours. Seraient seuls admis à ce concours les chirurgiens aides-majors des hôpitaux après avoir été soumis à une épreuve pratique. Mais pourquoi les chirurgiens aides-majors des corps d'armes spéciales seraient-ils plus favorisés pour l'avancement que ceux de la ligne? Suppose-t-on que les premiers dans leur position ont plus de moyens d'instruction? Les hommes appartenant aux corps d'armes spéciales et aux postes sédentaires sont-ils d'une nature spéciale? offrent-ils des maladies spéciales? doivent-ils être traités par des méthodes spéciales et par des médicamens spéciaux? Je ne vois, moi, rien qui puisse justifier la préférence accordée aux officiers des corps, et je suis d'avis que pour le bien du service ils passent par les hôpitaux avant de pouvoir être promus au grade de chirurgien-major.

Il serait à souhaiter surtout qu'on ne tolérât plus ces renonciations à l'avancement, dont le but est de maintenir ceux qui les font dans les hôpitaux ou dans les postes sédentaires. Un chirurgien promu à un grade supérieur doit accepter ou se démettre. Point de places au choix pour le grade de chirurgien-major dans la ligne; il serait toujours donné à l'ancienneté, pourvu toutefois que les candidats présentés eussent satisfait aux conditions requises.

Les chirurgiens-majors de la ligne, des hôpitaux et ambulances aux armées, seraient placés dans les hôpitaux de l'intérieur, dans les corps d'armes spéciales et dans les postes sédentaires, par ordre d'ancienneté, sauf les modifications apportées par les articles 71 et 72 de l'ordonnance. Les mêmes modifications continueraient d'être applicables à tous les autres officiers de santé.

Les places d'aides-majors dans les corps d'armes spéciales et les postes sédentaires sont convoitées à cause des avantages qui y sont attachés. Je pense qu'il serait juste que les chirurgiens aides-majors de la ligne fussent envoyés dans ces places par ordre d'ancienneté, pour de là être admis, toujours par ancienneté, dans les hôpitaux en qualité d'aides-majors. Les pharmaciens aides-majors ne pourraient plus être admis aux emplois de médecin-adjoint ni concourir pour le grade de médecin professeur. Seraient aptes à concourir pour le grade de médecin-adjoint les chirurgiens-aides-majors des hôpitaux; ces derniers seraient encore admis à concourir avec les médecins-ordinaires et les médecins-adjoints pour les emplois de médecin professeur vacans dans les hôpitaux militaires d'instruction et à l'hôpital de perfectionnement.

Ils seraient également admis à concourir avec les chirurgiens-majors pour les emplois vacans de chirurgien professeur.

Pourraient être exclus de leur droit d'ancienneté les chirurgiens-majors et aides-majors dans les cas très-rares, j'aime à le croire, d'inconduite notoire, de fautes graves contre l'honneur, ou de négligence habituelle dans le service; mais cette exclusion ne serait prononcée que sur la décision d'un conseil d'enquête provoqué par le prévenu, ou ordonné par le ministre.

On conçoit, que dans les autres corps d'officiers le gouvernement ait le désir de se réserver un plus grand nombre de places au choix pour pouvoir récompenser le mérite des officiers distingués par leurs services et leur instruction, parce que dans ces corps la considération seule de l'ancienneté pourrait donner lieu à de graves inconvéniens; mais dans le corps des officiers de santé, où l'instruction exigée et les conditions d'admission requises sont les mêmes pour tous, il n'y a pas de motifs, sauf les cas précités, qui autorisent l'avancement au choix, et l'ancienneté doit prévaloir généralement.

Les chirurgiens sous-aides seraient divisés en deux classes. La 2ᵉ classe comprendrait les sous-aides employés dans les hôpitaux ordinaires et d'instruction; ils auraient le grade de sous-lieutenant. La première classe comprendrait les sous-aides reconnus susceptibles d'obtenir le grade d'aide-major par le jury d'examen établi en conformité des dispositions de l'art. 34 de l'ordonnance. Ces sous-aides auraient le grade de lieutenant.

Il faudrait au moins trois ans du grade de sous-aide et être muni du diplôme de docteur en médecine pour pouvoir être nommé aide-major; les chirurgiens sous-aides de première classe resteraient dans cette position, jusqu'à ce qu'ils eussent satisfait aux conditions imposées pour être nommés aides-majors, et jusqu'à leur promotion à ce grade. On doit considérer que beaucoup de chirurgiens sans fortune, ne pouvant faire de grandes économies sur leur traitement, n'ont souvent pas à leur disposition les sommes exigées pour obtenir de suite le diplôme du doctorat, quoiqu'ils en soient dignes, et sont obligés d'attendre une circonstance plus heureuse pour se présenter aux examens. Il serait à souhaiter que le gouvernement voulût bien accorder aux officiers de santé militaires la re mise en totalité du montant des inscriptions à la faculté de méde cine. Cette faveur diminuerait un peu les dépenses énormes qu'ils sont obligés de faire pour leur instruction et leur réception.

Les chirurgiens sous-aides de deuxième classe continueraient d'être soumis aux dispositions de l'article 36 de l'ordonnance. On voit que, loin de désapprouver les nouvelles difficultés d'admission imposées, j'y ajoute encore, mais c'est à la condition seulement que nous obtiendrons une organisation plus conforme aux règles de l'équité. Pourquoi celle que je propose ne serait-elle pas agréée? Je ne demande point de priviléges pour les officiers de santé, mais justice, justice seulement. Il m'est sans doute pénible de sortir ici des bornes de la modestie. Qu'on me le pardonne, j'y suis contraint dans l'intérêt de la cause que je défends.

Il n'existe dans l'armée aucun corps spécial plus instruit que celui des officiers de santé, et ses services ne sont pas moins importans que ceux des autres corps. Pourquoi donc les officiers du génie, de l'artillerie, etc., sont-ils mieux traités que les officiers de santé? Pourquoi donc dans un régiment d'artillerie les chirurgiens-majors et aides-majors n'ont-ils que le rang de capitaine et de lieutenant en premier non montés? Pourquoi ne sont-ils pas montés? Les motifs que j'ai exposés plus haut ne leur donnent-ils pas autant de droits à l'être que les autres officiers? Pourquoi, comme les autres corps spéciaux, le corps des officiers de santé n'est-il pas représenté dans tous les grades? Pourquoi ne lui est-il pas permis de s'administrer comme les autres corps?

Pourquoi les commissions nommées par le ministre pour donner des avis sur des questions relatives à l'hygiène de l'homme de guerre, au personnel ou à l'administration du corps des officiers de santé, sont-elles toujours composées de membres étrangers à l'art de guérir, et à toutes les branches qui s'y rattachent, membres souvent inhabiles à juger sainement, que la jalousie peut entraîner à être injustes, afin de tenir les officiers de santé au-dessous d'eux dans la hiérarchie des grades. N'avons-nous pas un exemple récent de cet abus de pouvoir dans la commission chargée de préparer le travail relatif à l'organisation du corps des officiers de santé? Pourquoi, puisqu'on a jugé à propos d'appeler en majorité des intendans à composer cette commission, n'a-t-on pas aussi désigné des médecins pour composer la commission chargée de l'organisation du corps de l'intendance militaire et des officiers d'administration? Je défie qu'on me donne une seule bonne raison pour m'empêcher de crier à l'injustice.

Quant à l'assimilation des chirurgiens et des médecins à certains grades, on conçoit qu'elle se rapporte plus sérieusement à la fixation de leur solde qu'à celle de leur rang dans l'armée. En effet, si dans la société un médecin, à raison de son titre et de la haute considération attachée à sa noble profession, marche l'égal des personnages les plus distingués, quel rang prend dans l'armée, quoiqu'on ne le lui reconnaisse pas, ce même médecin, qui, se faisant militaire, ajoute un degré de plus à son mérite; qui se dévoue à toutes les misères, à toutes les souffrances, s'expose à tous les dangers pour donner les secours de son art aux malades et aux blessés. Ici se présente naturellement l'occasion de combattre la supériorité de mérite que quelques-uns accordent aux officiers portant épaulettes sur les officiers de santé. Cette prétention m'a toujours paru très-exagérée. Il suffit pour s'en convaincre de mettre en parallèle un officier combattant et un chirurgien militaire attachés au même régiment. Tous deux partagent les mêmes périls, les mêmes privations; leur bonne et leur mauvaise fortune sont égales; tous deux sont doués d'un grand courage. Le premier combat, parce que c'est là son métier; mais le second est présent sur le champ de bataille, il est là sous le feu de l'ennemi, occupé à secourir les malheureux blessés. Le premier expose sa vie pour arracher celle de l'ennemi qu'il combat; le second expose la sienne pour conserver celle de ses compatriotes. L'un est électrisé par l'odeur de la poudre, le bruit du canon et de la fusillade, par le désir de vaincre et de venger les braves qui tombent autour de lui; l'autre est obligé d'envisager de sang-froid les périls qui l'environnent; il est souvent mutilé ou tué en prodiguant aux autres des consolations et les secours de son art. Qu'on décide maintenant lequel des deux a le plus de mérite.

Que les chirurgiens attachés à des corps de troupes soient, pour tout ce qui est relatif à la discipline, à l'exécution du service et des réglemens, subordonnés au colonel, au lieutenant-colonel ou à l'officier commandant le corps en leur absence, rien de mieux. A toute troupe armée, il faut un chef unique qui imprime et arrête le mouvement à son gré, un centre commun d'où tout parte et où tout vienne se rendre. Dans un régiment le service de santé, quoiqu'étranger au service militaire proprement dit, quoique parfaitement indépendant, pour tout ce qui concerne la science et l'art de guérir, de l'influence et du pouvoir du colonel, n'en est pas moins considéré comme

une branche du service principal? Voilà pourquoi les chirurgiens sont soumis à la subordination envers les commandans
des corps. Mais il était juste de les subordonner seulement à ces
officiers, car cette subordination même n'est tolérable et rationnelle qu'à cause de la nécessité du principe établi, l'unité
de commandement, autrement elle ne pourrait être justifiée,
car en quoi un colonel est-il supérieur à un officier de santé ?
Aussi je ne vois pas pourquoi l'aide-major, qui fait un service
de semaine, est subordonné à l'officier supérieur de semaine;
l'autorité donnée à cet officier me paraît outrepasser les limites
rationnelles du pouvoir militaire sur les chirurgiens. Les aides-majors ne devraient, suivant mon opinion, recevoir des
ordres pour le service que du chirurgien-major et du commandant du corps.

Abandonnant toute digression, je rentre dans mon sujet principal, et je vais démontrer en peu de mots que généralement la
position des officiers de santé n'a pas été beaucoup améliorée
par l'organisation du 12 août. Ces officiers comptent maintenant comme service effectif leur temps d'études en qualité d'é-
lèves. Est-ce donc là une faveur ? n'est-ce pas plutôt la répara-
tion d'une longue injustice, puisque les élèves des autres écoles
militaires ont toujours joui de cet avantage ? On a porté le traitement des chirurgiens sous-aides à 1,200 francs; est-ce encore
là une faveur ? non assurément, ce n'est que justice très-rigou-
reuse, car de tout temps un chirurgien sous-aide a été considéré comme officier, et ce n'est que par un abus de pouvoir in-
concevable qu'on s'était permis jusqu'à ce jour de rogner impi-
toyablement la solde à laquelle son titre lui donnait droit. Et
d'ailleurs aurait-on pu lui refuser ce qu'on a accordé à MM. les
sous-adjudans d'administration ? Les chirurgiens-majors, les
chirurgiens aides-majors, mais seulement ceux des hôpitaux et
des corps d'armes spéciales (et le nombre n'en est pas grand),
ont obtenu une légère augmentation de traitement. Voilà les
seuls avantages créés pour les officiers de santé par l'ordonnance du 12 août. Voilà le beau côté de la médaille. Maintenant
en voici le revers : 1° Au moyen des allocations résumées ci-
dessus, les accroissemens de solde, après 10, 20 et 30 ans de
grade, sont supprimés; 2° les chirurgiens aides-majors attachés aux régimens de ligne, et ceux-là sont très-nombreux,
éprouvent une diminution de 60 francs sur leur traitement déjà
si chétif; 3° en temps de guerre les officiers de santé jouissaient

d'un tiers en sus de leurs appointemens, non compris les indemnités auxquelles ils avaient droit ; aujourd'hui ils sont réduits aux proportions du traitement de chaque grade auquel ils sont assimilés ; 3° les chirurgiens aides-majors n'avaient pas besoin de passer dans plusieurs régimens pour arriver au grade de chirurgien-major ; que d'obstacles ils ont à vaincre aujourd'hui pour y parvenir ! Parlerai-je des difficultés sans nombre introduites dans l'admission aux grades de chirurgien sous-aide et d'aide-major ? Cela me semble inutile, et je n'ai pas besoin de m'étendre davantage sur toutes ces considérations pour prouver que ce que les officiers de santé gagnent d'un côté ils le perdent de l'autre ; que leur ancienne position, toute vicieuse, toute chétive qu'elle était, leur offrait en somme plus d'avantages que celle créée par l'organisation du 12 août.

Mais ma tâche ne se borne pas là. Puisque nos espérances ont été trompées, il faut adresser de nouvelles réclamations, solliciter une réorganisation plus juste et plus convenable. Trop long-temps nous avons souffert en silence ; notre modestie et notre dévoûment, loin de disposer en notre faveur, ont encouragé les hommes du pouvoir à négliger nos intérêts. Dépouillons donc toute timidité, ne craignons point de faire entendre la vérité à ceux qui voudraient rester sourds à nos plaintes ; que chaque officier de santé adresse individuellement ses réclamations, afin d'éviter la contravention à l'article 291 de l'ordonnance sur le service intérieur. J'espère qu'il m'aura suffi d'avoir donné l'exemple, et que bientôt des voix plus éloquentes que la mienne s'élèveront de toutes parts pour signaler les vices de l'organisation du 12 août, et demander les modifications convenables. Puissent-elles porter la conviction dans le cœur de nos juges et faire triompher la cause que nous défendons à si juste titre.

ERRATA.

Page 12, ligne 33, au lieu de : *l'espace prescrit pour le corps,* lisez : *l'espace prescrit pour le repos.*

Page 18, ligne 10, au lieu de : *aux officiers des corps,* lisez : *aux officiers de santé de ces corps.*